VILLE DE VERSAILLES

SERVICE DES EAUX

De Versailles, Marly, Meudon

Et Saint-Cloud

VERSAILLES

IMPRIMERIE AUBERT

6, avenue de Sceaux.

—

1897

SERVICE DES EAUX

De Versailles, Marly, Meudon et Saint-Cloud

COMMUNES TRIBUTAIRES

Versailles — Marly — Meudon — Saint-Cloud — Le Chesnay
Rocquencourt — Buc — Toussus
Villiers-le-Bâcle — Châteaufort — Guyancourt
Saint-Cyr — Trappes — Le Mesnil-Saint-Denis — Coignières
Les Essarts-le-Roi — Bougival — Port-Marly
Louveciennes — Marly-le-Roi — Bailly — Noisy-le-Roi
La Celle-Saint-Cloud — Rueil
Vaucresson — Garches — Marnes — Ville-d'Avray — Sèvres
Viroflay — Clamart et Vélizy

SERVICE DES EAUX

De Versailles, Marly, Meudon

Et Saint-Cloud

Origines de la Ville. — Obligations qui en résultent pour l'Etat.

Lorsque le roi Louis XIV voulut créer Versailles, il obligea une foule de personnes à construire des hôtels autour de son château et fit exécuter d'importants travaux pour amener l'eau qui faisait défaut.

Il est incontestable qu'il prit par là même l'engagement formel de fournir à ceux qu'il appelait autour de lui l'eau potable, en quantité suffisante.

L'Etat, continuateur de Louis XIV, est tenu d'exécuter cet engagement et doit prendre les dispositions rendues nécessaires par les circonstances pour assurer l'alimentation de la Ville.

La Ville peut se dire co-propriétaire du Service des Eaux.

Remarquons du reste que les travaux considérables que fit exécuter le roi furent supportés en grande partie par la Ville.

En effet, nos concitoyens, outre la dîme et les autres impôts payés à Versailles comme partout ailleurs, avaient déjà un octroi qui prélevait sur eux plus d'un million par an, somme représentant environ cinq millions de notre monnaie actuelle.

Cette somme considérable, qui entrait annuellement en entier dans la cassette royale, était plus que suffisante pour compenser les sacrifices faits pour l'installation des services intéressant directement la Ville.

De plus, il est à remarquer que les extensions de la canalisation sont exécutées, pour la plupart, à l'aide d'avances faites par la municipalité ou par des particuliers. Tous perdent les intérêts des sommes qu'ils avancent ainsi et ne rentrent presque jamais dans l'intégralité des sommes avancées, l'Etat, quelle que soit la consommation annuelle, ne consentant pas à fournir l'eau gratuitement pendant plus de dix années.

Par ces raisons la ville de Versailles peut affirmer que tout ce qui l'intéresse a été fait à l'aide de taxes spéciales qu'elle a payées, et elle a le droit de se considérer comme l'un des fondateurs du service des eaux et prétendre à des droits, à des privilèges particuliers. Elle peut dire que ce n'est pas à titre purement gracieux que sur certains points l'eau lui est fournie, pour ses services publics, soit gratuitement, soit à prix réduit.

Remarquons en outre qu'elle ne perçoit aucun droit pour la présence dans le sol de ses voies publiques des nombreuses conduites du service des eaux, qui, en cette circonstance, n'agit pas dans un intérêt général, mais comme excerçant une industrie productive.

Causes de la situation actuelle.

Si l'État avait consacré chaque année une somme suffisante à l'entretien des canalisations et réservoirs, et s'il s'était borné à l'alimentation de la Ville et des communes pour lesquelles le service a été créé, nous sommes convaincus qu'il lui eût été possible de satisfaire à tous les besoins. Mais des réservoirs importants ont été abandonnés, les rigoles et les étangs n'ont pas été suffisamment entretenus ; on y a consenti des tolérances de toutes sortes : chasse, pêche, établissement de lavoirs, prises d'eau qui ont nui à leur bonne conservation.

Qu'en est-il résulté ? Une augmentation constante des bénéfices qui logiquement aurait dû se traduire par une augmentation des crédits d'entretien. Ils ont été au contraire diminués de sorte que les œuvres vives du service sont actuellement dans un état de délabrement nécessitant une grosse dépense immédiate. Le conseil municipal, sollicité par l'administration supérieure, n'a pas hésité à prendre l'engagement d'y participer pour 260.000 francs à titre de fonds de concours. Le traité intervenu à cette occasion, bien que modifié conformément aux instructions de M. le Ministre des finances, n'est pas encore approuvé.

Cession du service. — La Ville doit intervenir.

L'exposé qui précède établit que l'État a recueilli jusqu'ici tous les avantages et qu'il a encaissé des bénéfices considérables. Il serait juste et naturel qu'il fît les sacrifices nécessaires pour remettre tout en bon état. C'est là une charge qu'il est bien plus commode de passer à d'autres ; aussi cherche-t-il à rétrocéder le service pour échapper à la responsabilité encourue.

Trois solutions sont possibles :

1° Maintien du *statu quo ;*

2° Rétrocession à la Ville ;

3° Rétrocession à une société.

La municipalité, depuis 1892 que la question est née, a toujours maintenu énergiquement les droits incontestables de la Ville sur le service des eaux qui la concerne. Elle n'a cessé de réclamer le *statu quo* ou, au pis aller, la concession pour elle-même, protestant contre la main-mise par une société quelconque plus préoccupée des intérêts de ses actionnaires que de donner satisfaction à ses abonnés, même aux dépens de la salubrité publique. C'est une tâche à laquelle ne faillira pas l'administration municipale ; aussi croit-elle devoir publier une série de documents, capables de fixer l'opinion sur la question avant que le gouvernement n'ait fait connaître définitivement ses intentions.

RÉPUBLIQUE FRANÇAISE

Versailles, le 27 Juin 1892.

Amélioration
de la qualité des eaux
distribuées
à Versailles.

MONSIEUR LE MAIRE,

M. le Ministre des Travaux publics vient de m'adresser, au sujet du projet tendant à l'amélioration de la qualité et de l'augmentation du volume des eaux d'alimentation distribuées à Versailles, la dépêche dont la teneur suit :

« A la date du 19 mai dernier, je vous ai annoncé que le projet « concernant l'amélioration des eaux d'alimentation distribuées à « Versailles était l'objet d'un examen particulièrement attentif.

« Cet examen se poursuit ; mais, dès à présent, il est établi que « la dépense à effectuer pour atteindre le but poursuivi ne s'éleve- « rait pas à moins de 600,000 francs.

« En présence de ce chiffre et devant la quasi impossibilité d'ob- « tenir des Chambres un crédit aussi considérable, je me suis « demandé s'il ne serait pas préférable de concéder l'alimentation « en eau de la ville de Versailles à une Compagnie privée à laquelle » on imposerait les conditions d'amélioration jugées nécessaires. »

Je vous prie, Monsieur le Maire, de vouloir bien examiner la question à ce point de vue et de me faire connaître, aussitôt que possible, la suite dont la combinaison indiquée par M. le Ministre vous paraîtra possible.

Agréez, Monsieur le Maire, l'assurance de ma considération la plus distinguée.

Pour le Préfet,
Le Conseiller de Préfecture, délégué,
ILLISIBLE.

Versailles, le 9 juillet 1892.

Le Maire de Versailles à M. le Préfet de Seine-et-Oise.

MONSIEUR LE PRÉFET,

Vous m'avez fait l'honneur de m'adresser, le 27 juin dernier, copie d'une dépêche de M. le Ministre des Travaux publics, concernant l'amélioration de la qualité et l'augmentation du volume des eaux d'alimentation distribuées à Versailles.

A la suite de cette communication, nous nous sommes rendus chez M. le Ministre auquel j'ai laissé, comme *memento* de notre entretien, une note dont vous connaissez la teneur.

En réponse à votre lettre du 27 juin, je crois devoir vous exposer à nouveau toute notre pensée sur cette affaire si intéressante pour Versailles et pour les communes du voisinage.

Permettez-moi d'abord de rappeler que le service des eaux a été créé par le roi Louis XIV pour assurer, à peu près exclusivement, l'alimentation des habitants de Versailles, du château et du jeu des eaux du parc.

Les dépenses d'installation ont été supportées par le Trésor royal qui recevait des habitants de Versailles, outre la dîme et les autres impôts payés dans toutes les communes, le produit de l'octroi qui s'est élevé à plus d'un million par an, somme considérable pour l'époque.

La ville de Versailles est donc autorisée à se considérer comme l'un des fondateurs du service des eaux et à prétendre à des droits, à des privilèges particuliers tout au moins pour être consultée quand il s'agit de modifications importantes à apporter au service. En un mot, sa situation vis-à-vis de l'Etat est toute différente de celle des autres communes qui n'ont été desservies que beaucoup plus tard.

L'extension donnée au service des eaux a eu pour résultat de procurer à l'Etat des abonnés nouveaux et, par suite, des bénéfices qui s'élèvent actuellement à plus de 140,000 francs par an ; mais la conséquence a été aussi de créer une insuffisance notable dans les moyens d'approvisionnement et un amoindrissement de la qualité des eaux

Les réservoirs qui alimentent Versailles sont remplis, en effet, par les eaux blanches venant du plateau qui s'étend de Versailles à Rambouillet, eaux dont le volume ne peut être augmenté dans des proportions suffisantes pour assurer au mélange fait avec l'eau de Seine la même qualité qu'autrefois. On a dû forcément amener de Marly de l'eau de Seine dans une proportion plus grande que par le passé.

Or, nous considérons que l'Etat n'a le droit de réaliser de bénéfices qu'après avoir pratiqué toutes les améliorations destinées à assurer aux eaux distribuées dans Versailles la quantité et la qualité qu'elles offraient lors de la création du service, création réalisée en partie avec les deniers communaux.

C'est pour ces raisons que la municipalité, pénétrée de ses droits et de ses devoirs, a pris l'initiative de demander qu'une étude soit faite pour améliorer la situation. Cette étude a été effectuée et M. le Ministre vous a fait connaître que le projet d'amélioration proposé par le service des eaux est entre ses mains.

Ce que nous désirons vivement, Monsieur le Préfet, c'est que ce projet soit examiné avec tout le soin et toute la bienveillance que réclame l'intérêt qu'il présente pour les nombreuses communes desservies.

De toutes les solutions dont on a parlé, celle que nous désirons vivement, parce qu'elle nous paraît seule capable de sauvegarder tous les intérêts en cause, c'est le maintien du *statu quo*, mais avec exécution des travaux prévus au projet susvisé.

La concession à un tiers aura l'inconvénient de mettre des communes populeuses dans les mains d'industriels dont les bénéfices seront d'autant plus élevés qu'ils négligeront davantage la propreté de leur canalisation et de leurs réservoirs, le filtrage et l'aération de leurs eaux, choses indispensables cependant pour la santé publique.

D'ailleurs, l'Etat ne peut dégager complètement sa responsabilité. Il lui faudra de toute nécessité demeurer chargé des soins de capter et de conduire les eaux blanches, d'élever et de conduire également les eaux de Seine. Il lui sera donc impossible d'échapper aux reproches que lui attire actuellement la mauvaise qualité des eaux ou l'insuffisance de l'approvisionnement des réservoirs. En outre, l'abandon ne pourra être fait qu'à la condition de laisser au concessionnaire une partie des bénéfices que l'Etat recueille aujourd'hui.

La cession à un tiers, mais surtout à une compagnie fermière, serait fort mal accueillie par l'opinion publique à cause des plaintes justifiées que s'attirent d'ordinaire ces associations préoccupées uniquement de leur intérêt.

Aussi préférerions-nous à cette éventualité, que nous considérerions comme absolument désastreuse, nous charger du service de distribution, l'Etat conservant pour son compte l'adduction des eaux.

Mais pour qu'il nous soit possible de consulter le Conseil municipal, en dehors duquel nous ne pouvons prendre aucun engagement, il est indispensable que l'Etat fasse connaître ses desseins et les conditions auxquelles il consentirait la cession.

Il est indispensable aussi que le projet relatif aux travaux à effectuer soit communiqué à la municipalité. Il nous semble que la constitution d'une commission semblable à celle qui a résolu la question du curage du grand canal rendrait les plus grands services.

Je vous prie instamment, Monsieur le Préfet, de suivre cette affaire avec votre empressement habituel et d'insister surtout pour qu'aucune décision ne soit prise en dehors de vous et de nous.

Veuillez, etc.

MAIRIE DE VERSAILLES

RAPPORT de M. le Maire de Versailles

A LA COMMISSION MINISTÉRIELLE

Séance du 12 Novembre 1894

Monsieur le Préfet, Messieurs,

L'ordre du jour de notre séance comporte la communication pour avis d'un rapport présenté à la Chambre des Députés au nom de la Commission du budget.

Or, ce rapport se termine ainsi :

« Ne se trouve-t-on pas en présence d'un de ces services accessoires qui, vivant ignorés, en profitent pour s'étendre peu à peu, et, tout à coup, se relèvent avec des attributions conquises pied

« à pied, qui dépassent singulièrement celles qui leur avaient été dé-
« parties ? Est-il possible de laisser ainsi compliquer l'Adminis-
« tration de rouages accessoires et sans réelle utilité ?

« Ce sont là des questions dont votre Commission ne saurait ap-
« porter la solution..... Mais il appartiendra à M. le Ministre des
« Travaux publics de l'étudier et de la proposer au Parlement. »

La question étant posée, il m'a paru nécessaire de vous la présenter sous son véritable aspect malgré le peu de temps que j'ai eu
pour compulser les nombreux documents que possèdent nos ar-
chives municipales.

Louis XIV, en continuant l'œuvre de son prédécesseur, a com-
plété la construction du Château et fondé la ville de Versailles
pour en faire la principale habitation des rois et le siège du gouvernement.

Il créait donc une grande et belle Ville ; mais, moins favorisé que
les fondateurs des autres cités, il était contraint, par les dispositions antérieures, de se placer sur un sol aride éloigné des ri-
vières et sans aucune espèce de cours d'eau.

L'eau est à peu près aussi nécessaire que l'air à l'existence d'une
ville, et pour les populations agglomérées, le droit de propriété
aux eaux de sources n'a été inscrit dans nos lois que parce qu'il
était dans la nature des choses (art. 643, C. c.). Le créateur du
Château de Versailles l'a parfaitement reconnu, car, si, d'une part,
en vertu de sa toute-puissance, il disposait à son gré de ses eaux de
sources pour l'ornement de sa royale demeure, il se hâtait, d'autre
part, de les remplacer et de les augmenter d'abord par un système
d'étangs et de rigoles destinées à recueillir les eaux de pluie nécessaires au Château et aux habitants groupés autour ; et, plus tard,
par la machine de Marly amenant les eaux de Seine à Versailles,
qui, peu à peu, devenait une Ville. Enfin, non seulement il donnait
et concédait des lots de terre à charge de bâtir, mais il ajoutait
souvent l'indispensable concession d'eau sans laquelle la vie eût
manqué à sa nouvelle création, et, lorsque le nombre de ces cons-
tructions agglomérées fut arrivé au point de former une véritable
ville, tous les services publics (églises, maisons de secours, écoles,
bibliothèque, marchés, abreuvoirs, abattoir), furent à leur tour
dotés par lui ou par ses successeurs de concessions d'eau, soit à
titre gratuit, soit moyennant une légère redevance qui conservait
encore son caractère féodal.

Jamais la ville de Louis XIV n'aurait pris naissance, jamais des habitants ne seraient venus s'y fixer, si le fondateur n'avait trouvé le moyen d'alimenter le Château et la Ville d'une quantité d'eau suffisante, s'il n'avait, en même temps, donné la faculté de bâtir des maisons sur son domaine privé.

Le système hydraulique de Louis XIV ou tout autre pour l'alimentation de Versailles est donc un droit acquis à la Ville depuis sa fondation et dont elle a joui, parce que ce fut la condition de sa formation et de son existence à toujours.

La concession des terrains à bâtir est un autre droit irrévocablement acquis, et quand le fisc a voulu assimiler ces terrains aux domaines engagés à terme, on a prouvé que Versailles était dans une situation exceptionnelle et qu'il y avait aliénation dans l'intérêt de la fondation et de l'existence de la Ville. Un décret daté de Coblentz, 2ᵉ jour complémentaire an XII, a consacré cette aliénation irrévocable de sa nature.

Enfin Versailles fut une Ville florissante tant qu'elle conserva le siège du gouvernement. Aussitôt après, le Château, la Ville inhabités ne semblaient plus offrir un grand intérêt et le domaine de l'Etat abandonna les travaux d'entretien du système hydraulique, puis aliéna une partie considérable des fonds sur lesquels ils étaient établis.

La loi du 6 septembre 1792 avait mis tous les biens qui faisaient partie de la Liste civile sous la régie provisoire de l'Administration générale des domaines nationaux; les décrets des 1ᵉʳ et 4 février 1793 avaient ordonné que, pour augmenter le gage disponible de diverses créations d'assignats, on mettrait en vente les biens nationaux qui étaient ci-devant affectés à la Liste civile.

Toutefois, on s'aperçut bientôt qu'on attaquait l'existence du Château et de la ville de Versailles; la Convention nationale elle-même sentit la nécessité d'arrêter les progrès de destruction qui menaçaient de s'étendre sur tout l'ancien domaine de la Couronne. Par un décret du 17 juillet 1793, elle déclara que le Château serait consacré à un établissement public national; par deux autres décrets des 16 floréal an II et 20 prairial an III, elle ordonna la conservation des maisons et jardins et elle chargea son Comité d'instruction publique de lui faire un rapport sur les moyens d'utiliser les bâtiments du Château.

Les représentants de La Croix et Mussel, en mission dans le département de Seine-et-Oise, ont rejeté plusieurs demandes en concession d'étangs et ont déclaré qu'aucun des objets qui concouraient alors à l'alimentation de Versailles ne seraient désormais desséchés ou aliénés. Le rapport qu'ils ont fait de leur mission à la Convention a été approuvé par elle.

Sur les observations de l'inspecteur des eaux, le Ministre des Finances, par sa lettre du 8 vendémiaire an IV, invitait l'Administration du département à surseoir provisoirement à des aliénations projetées.

Plus tard, et aussitôt la promulgation de la loi du 28 ventôse an IV portant création de 2 milliards 400 millions de mandats territoriaux, avec faculté et droit au porteur de ces mandats de soumissionner tous les biens nationaux dans toute l'étendue de la République, sans concurrence et sur simples estimations, une nuée de spéculateurs fondit sur le domaine de Versailles et presque tous les étangs qui fournissent encore de l'eau au Château et à la Ville furent soumissionnés.

Des réclamations s'élevèrent de toutes parts. L'inspecteur des eaux du département, le fermier des étangs, les communes environnantes, la ville de Versailles, les simples particuliers adressèrent leurs plaintes à l'Administration départementale et à l'autorité supérieure.

L'Administration municipale de Versailles prit, le 6 prairial an IV, une délibération dans laquelle on lit :

« Considérant que la commune de Versailles dont l'administration lui est confiée est, sans contredit, celle qui a le plus souffert à la Révolution ;

« Considérant que, par sa position désavantageuse située dans un fond et environnée de montagnes presque toutes arides, les monuments et établissements publics qu'elle renferme, et cette commune elle-même, périraient infailliblement par le manque d'eau si, par l'effet des lois des 28 ventôse et 6 floréal derniers, les immenses travaux qui ont été faits pour réunir l'eau nécessaire à son alimentation se trouvaient annulés et si les étangs, les rigoles et retenues d'où ces eaux sont tirées à volonté pour son service étaient aliénés ;

« Estime qu'il y a lieu de suspendre l'aliénation de toutes les parties des terres, des étangs et rigoles, etc... »

Malgré ces réclamations, l'étang d'Orsigny fut adjugé au soumissionnaire, et plusieurs autres étaient sur le point de subir le même sort.

L'inspecteur des eaux et le fermier des étangs renouvelèrent leurs réclamations. L'Administration municipale prit le 2 fructidor an IV un nouvel arrêté dont voici la substance :

« Vu la copie du mémoire du citoyen Guillon qui, informé que l'Etang d'Orsigny est déjà adjugé, que quelques autres sont sur le point de l'être, fait différentes observations qui tendent à établir la nécessité de déclarer inaliénables la totalité des étangs, retenues et rigoles ;

« Vu un autre mémoire du citoyen Gondouin, inspecteur des eaux, tendant au même but ;

« Considérant que la nécessité de conserver les étangs, retenues et rigoles, tant pour les monuments et établissements que renferme la commune de Versailles que pour les secours qu'ils donnent dans huit ou neuf vallées environnantes, étant bien démontrée, il est de son devoir de réitérer à l'Administration centrale du département les observations qu'il lui a déjà faites et faire connaître aux Ministres quelle est l'utilité de ces étangs, et l'intérêt que la République peut retirer de leur conservation ;

« Considérant que la commune de Versailles, particulièrement, serait totalement anéantie et ruinée si, malgré les justes observations qui ont été faites, l'aliénation des étangs était prononcée ;

« Arrête que, sans délai, copie des mémoires des citoyens Guillon et Gondouin sera adressée aux Ministres des Finances et de l'Intérieur, avec invitation de prendre en considération leurs observations et la position affligeante de la ville de Versailles. »

Des vérifications ont été ordonnées, des états de situation ont été dressés et par suite un arrêté des Consuls du 29 prairial an IX statue :

« Que les étangs et rigoles continueront de faire partie du domaine public inaliénable, et ne pourront dans aucun cas passer dans la main des particuliers ; que les détenteurs des portions de terrain sur lesquelles sont établis lesdits étangs et rigoles seront tenus de les abandonner dans le délai de trois mois, sauf les indemnités qui pourraient leur être légalement dues. »

Le Préfet de Seine-et-Oise prit lui-même, le 12 messidor suivant, un arrêté pour assurer l'exécution de celui des Consuls.

Enfin, un arrêté du Conseil de préfecture du 4 germinal an X annule les aliénations qui avaient été faites des étangs d'Orsigny et de quelques autres, ordonne que les détenteurs seront tenus de les abandonnner, sauf l'indemnité qui sera réglée.

Il résulte de ces documents qu'à toutes les époques l'existence de Versailles a été considérée comme dépendant du service des eaux et que ce service était à la charge de l'Etat devenu propriétaire du domaine de Versailles, en tout ce qui pouvait concerner la nue propriété. Remarquons encore que l'annulation des ventes n'a porté que sur quelques aliénations en vertu des soumissions ; que, malgré l'inaliénabilité consacrée pour l'avenir les dégradations ont continué faute d'entretien ; que d'autres suppressions ont eu pour motif la salubrité publique, et qu'il résulte de toutes ces circonstances que les faits personnels à l'Etat ont été accomplis sans une juste prévision de l'avenir.

Si encore l'Etat avait réservé les eaux de sources qui appartenaient exclusivement à la cité, mais elles ont été presque totalement détruites par le Domaine lui-même ; il en reste à peine quelques traces.

Ce sont donc les portions destinées spécialement aux habitants que l'Etat a laissé périr, a détruites, a vendues à diverses époques, a ruinées presque entièrement.

Remarquons, d'autre part, que la ville de Versailles peut se dire copropriétaire du service des eaux. En effet, nos concitoyens, outre la dîme et les autres impôts payés à Versailles, comme partout ailleurs, avaient déjà sous Louis XIV un octroi qui prélevait sur eux près d'un million par an.

Cette somme considérable, qui entrait annuellement dans la cassette royale, était plus que suffisante pour compenser les sacrifices faits pour l'installation des services intéressant directement la Ville.

Par ces raisons, la ville de Versailles peut affirmer que tout ce qui l'intéresse a été fait, à l'aide de taxes spéciales qu'elle a payées, et elle a le droit de prétendre à des droits, à des privilèges particuliers. Elle peut dire que ce n'est pas à titre purement gracieux que sur certains points l'eau lui est fournie, pour ses services publics, soit gratuitement, soit à prix réduit.

De plus, elle ne perçoit aucun droit pour la présence dans le sol de ses voies publiques des nombreuses conduites du service des eaux. En présence de tous ces faits et des raisonnements qui les accompagnent, on ne peut concevoir la pensée qu'il s'agirait d'accorder à la ville de Versailles ce que l'on a refusé à d'autres villes.

Les autres villes ont demandé un accroissement à leur état normal, et on leur a répondu que les moyens de prospérité qui les intéressaient spécialement étaient à leur charge.

La ville de Versailles dit au contraire : je suis menacée de perdre mes conditions d'existence originairement garanties par Louis XIV dont l'État a recueilli le domaine privé, je réclame mon état normal ; je m'adresse à l'État parce qu'il ne peut avoir encaissé des bénéfices considérables sans accepter les charges. Je m'adresse à l'État sous un autre rapport, parce que c'est lui qui a attaqué dans sa base mon principal moyen d'existence, parce que c'est lui, et lors de sa jouissance effective, qui a laissé périr faute d'entretien les principaux ressorts du système hydraulique de Louis XIV ; parce que c'est lui qui a vendu à son profit une multitude de travaux d'art et de terrains qui concouraient à satisfaire à mes besoins réels et dont la plupart n'avaient été créés que pour moi.

D'accord avec la Commission du budget de la Chambre des Députés, il y a lieu de reconnaître que le service des eaux s'est étendu outre mesure dans le but d'augmenter ses bénéfices. L'État a compliqué lui-même les rouages de cette Administration ; mais il n'en est pas moins vrai que c'est pour lui un service obligatoire dont il ne peut se dessaisir. Aussi nous avons lu avec plaisir les conclusions suivantes de la Commission du Sénat : « Le rapport de la Commission du budget de la Chambre renferme sur ce service des explications intéressantes. Nous ne faisons que nous y référer, car nous ne voyons pas qu'il s'en soit dégagé une critique précise. »

Le Maire de Versailles,

Signé : Edouard LEFEBVRE.

Versailles, le 11 *Mars* 1896.

Monsieur le Préfet,

J'ai appris qu'une Commission ministérielle s'occupait de l'étude d'un projet de concession, à des tiers, du service des eaux de Versailles.

Permettez-moi, Monsieur le Préfet, de vous rappeler ma lettre du 9 juillet 1892, dont copie est ci-jointe.

La question des eaux d'alimentation est de la plus haute importance pour notre ville. Nous souhaitons ardemment qu'elle ne soit pas résolue sans que nous ayons été appelés à la discuter et à formuler les revendications que nous considérons comme légitimes.

Si l'administration supérieure était absolument décidée à abandonner la gestion directe du service des eaux à Versailles, nous pourrions nous mettre sur les rangs pour obtenir cette gestion, pensant que la Ville serait à tous les points de vue mieux à même qu'une société étrangère de bien administrer ce service.

Je vous serai très obligé, Monsieur le Préfet, de vouloir bien faire transmettre à M. le Ministre, en les appuyant de toute votre autorité, les observations que je viens d'avoir l'honneur de vous présenter.

Veuillez agréer, etc...

MAIRIE

DE VERSAILLES

Versailles, le 30 Mars 1896.

Monsieur le Préfet,

J'ai l'honneur de vous confirmer mes lettres des 9 juillet 1892 et 11 courant, dans lesquelles je vous informais que : « Si l'Administration supérieure était absolument décidée à abandonner la « gestion directe du service des eaux à Versailles, nous nous mettrions sur les rangs pour obtenir cette gestion, pensant que la « Ville serait à tous les points de vue mieux à même qu'une société « étrangère de bien administrer ce service. »

Je vous serais très obligé, Monsieur le Préfet, de vouloir bien insister à nouveau auprès de M. le Ministre, pour qu'il soit tenu compte de notre proposition et de m'accuser réception des lettres précitées.

Veuillez agréer, Monsieur le Préfet, l'assurance de mon respect.

Le Maire de Versailles,
Edouard LEFEBVRE.

Versailles, le 31 Mars 1896.

« MONSIEUR LE PRÉFET,

« Des bruits, que je n'hésite pas à qualifier d'alarmants, circulent avec une persistance telle qu'il est de mon devoir de vous les signaler. Il s'agit de deux questions vitales pour Versailles : celle des eaux d'alimentation et celle du curage de la Pièce d'eau des Suisses.

« En ce qui concerne la première, on dit que le Gouvernement étudierait les moyens de céder à des tiers l'administration des eaux de Versailles. Déjà une commission, composée de trois délégués du ministère des travaux publics, se serait réunie. M. B.... ingénieur, et M. H..., ancien entrepreneur des travaux du Panama, auraient été entendus par cette commission et ils seraient sur le point d'obtenir la concession.

« La direction des beaux-arts voudrait à tout prix se décharger de ce service, la raison mise en avant serait le manque de fonds nécessaires à l'achèvement des travaux en cours d'exécution. Certain entrepreneur auquel il serait dû 50,000 francs ne pourrait être payé parce que la ville de Versailles refuserait de verser les deux cent mille francs qu'elle avait promis d'avancer.

« Je n'ai pas besoin d'insister auprès de vous sur l'invraisemblance de ces allégations, notamment sur l'inexactitude absolue de celle qui nous concerne.

« Permettez-moi de vous rappeler, Monsieur le Préfet, que, quand j'ai eu l'honneur d'être présenté par vous à M. le Directeur des beaux-arts, il nous a déclaré que, si aux 200,000 francs promis comme avance par la ville nous pouvions en ajouter 60,000, il proposerait au Ministre de présenter à la Chambre la demande de crédit nécessaire à l'achèvement complet des travaux destinés à assurer définitivement l'alimentation de la ville en eau de source prise à Croissy.

« Après avoir examiné la situation financière de la ville, j'ai répondu par votre intermédiaire à M. Roujon qu'il nous était possible de faire cette nouvelle avance et que la proposition en serait soumise au Conseil municipal, si la demande m'en était faite.

« A cette dépêche je n'ai reçu aucune réponse ; il est donc inexact de dire que l'argent manque du fait de la ville de Versailles. Nous sommes toujours dans les mêmes conditions, les fonds sont à la disposition de l'Etat.

« J'ai eu l'honneur, Monsieur le Préfet, de vous adresser hier une dépêche rappelant celles du 9 juillet 1892 et du 11 mars 1896 ; je vous demandais de prévenir le ministère que, si l'Etat se décidait à abandonner le service des eaux, nous nous mettrions sur les rangs et demanderions une préférence que tout impose et justifie.

« Il ne me paraît pas possible de passer outre à nos demandes et à nos observations sans nous avoir entendus.

« Les intérêts, les droits d'une grande ville ne peuvent être sacrifiés au bénéfice d'intérêts particuliers, personne ne pourrait l'admettre ni le comprendre. Je n'ai pas besoin d'insister, Monsieur le Préfet, sur le caractère particulièrement délicat de cette remarque.

« La seconde question dont je viens encore vous entretenir est celle du curage de la Pièce d'eau des Suisses.

. . . . , ...

« Veuillez agréer, Monsieur le Préfet, etc.

Signé : EDOUARD LEFEBVRE.

Après avoir déposé la lettre qui précède à la Préfecture, le Maire a reçu la communication suivante :

« MONSIEUR LE PRÉFET,

« Par lettre du 17 mars courant, vous me transmettez, en l'appuyant, une lettre par laquelle M. le Maire de Versailles, envisageant l'hypothèse de la concession à une entreprise particulière, de l'exploitation du Service des eaux de Versailles, déclare que la ville se met sur les rangs pour obtenir cette entreprise et exprime en tout cas le désir qu'une décision ne soit pas prise sans que ses représentants aient été entendus.

« J'ai l'honneur de vous faire connaître que mon département a été en effet saisi d'offres au sujet du service en question. Mais il s'agirait seulement de confier à l'industrie privée l'exploitation des usines proprement dites par lesquelles se fait la captation de l'eau. Lors même qu'il serait donné suite aux pourparlers préliminaires qui ont été engagés à ce sujet, l'Etat conserverait tout le service de distribution et assurerait, comme par le passé, l'établissement et l'entretien des conduites. Les inconvénients redoutés par la municipalité de Versailles ne se produiraient donc en aucune façon.

« Je vous prie, Monsieur le Préfet, de vouloir bien répondre en ce sens à M. le Maire de Versailles.

« Recevez, Monsieur le Préfet, etc.

« Le Ministre de l'instruction publique, des beaux-arts et des cultes,

« Signé : E. COMBES. »

MINISTÈRE
De l'Instruction publique
DES
Beaux-Arts et des Cultes

Palais-Royal, 7 Mai 1896.

Beaux-Arts

MONSIEUR LE PRÉFET,

Vous avez transmis, le 16 avril courant, à mon prédécesseur, une lettre de M. le Maire de Versailles, relative :

1° Aux travaux de curage à entreprendre dans la pièce d'eau des Suisses ;

2° Au service des Eaux de Versailles, Meudon, Saint-Cloud, etc.

. . . .

En ce qui concerne la cession éventuelle du service des Eaux de Versailles à une entreprise privée, mon prédécesseur vous a déjà répondu le 30 mars dernier. Aucun fait ne s'étant produit, depuis lors, qui puisse être de nature à justifier les appréhensions de la municipalité de Versailles, je n'ai rien à changer aux termes de cette dépêche.

Recevez, Monsieur le Préfet, l'assurance de ma considération la plus distinguée.

Le Ministre de l'Instruction publique, des Beaux-Arts et des Cultes,

Signé : RAMBAUD.

Pour copie conforme :
Le Conseiller de Préfecture, délégué,
D'EUDEVILLE.

Monsieur le Ministre,

J'ai reçu, par l'intermédiaire de Monsieur le Préfet, communication de votre dépêche du 7 courant, relative :

1° Au service des Eaux de Versailles, Meudon, Saint-Cloud, etc.;

2° Aux travaux de curage à entreprendre dans la pièce d'eau des Suisses.

En ce qui concerne le premier point, c'est-à-dire la cession éventuelle du service des Eaux de Versailles à une entreprise privée, je prends acte de l'assurance que vous voulez bien me renouveler que rien, pour le moment, n'est de nature à justifier les appréhensions précédemment manifestées par la municipalité de Versailles.

Si, par suite de circonstances non encore prévues, l'État se décidait à abandonner le service des Eaux, la Ville se mettrait sur les rangs pour l'obtenir. Nous demandons en tout cas, Monsieur le Ministre, qu'aucune résolution définitive ne soit prise sans que les représentants de notre Ville aient été entendus. . . . . .

Veuillez agréer, etc.

CHAMBRE DES DÉPUTÉS

RAPPORT

De la Commission du Budget de 1897

CHAPITRE LXVIII

Service des Eaux de Versailles et de Marly.

Crédit demandé, 340,000 francs.
Crédit proposé, 340,000 francs.

Le service des eaux de Versailles, Marly, Meudon et Saint-Cloud se divise en deux inspections : l'inspection de Versailles et l'inspection de Saint-Cloud, Marly et Meudon.

Inspection de Versailles, 1ʳᵉ section.

L'inspection de Versailles se subdivise en deux sections.

La 1ʳᵉ section comprend :

1° Le service d'alimentation en eau et de distribution dans la ville de Versailles, dont la population est de 45,000 habitants et dont l'étendue construite est de 700 hectares. La quantité d'eau à fournir quotidiennement est de 7,500 à 8,000 mètres cubes en hiver, et de 10,000 à 11,000 mètres cubes en été. La ville de Versailles contient, dans ses limites, les réservoirs de Picardie, des Moulins, de Montbauron, de Gobert et du Château-d'Eau, d'une capacité totale de 176,000 mètres cubes ; les filtres de Picardie, la machine élévatoire de Picardie, la machine de Gobert, un réseau de canalisation d'une étendue de 70,000 mètres, plus de 2,100 branchements de concessionnaires, des branchements d'établissements publics, près de 1,200 bouches ou appareils divers contre l'incendie ; des bouches de salubrité, de lavage, etc. ;

2° Le service d'alimentation en eau de grande distribution et d'effets hydrauliques dans les palais et parcs de Versailles et Trianon d'une étendue de 200 hectares, occasionnant une consommation quotidienne et moyenne de 900 mètres cubes ; les parcs de Versailles et de Trianon contiennent dans leurs limites quatre réservoirs d'une capacité totale de 26,047 mètres cubes, un réseau de conduites, aqueducs et pierrées d'un développement de 40,000 mètres, 54 effets hydrauliques, le grand canal d'une capacité de 404,471 mètres cubes, et la pièce d'eau des Suisses, d'une capacité de 238,265 mètres cubes ;

3° Le service d'alimentation de la commune de Rocquencourt, qui comporte une fourniture quotidienne de 25 mètres cubes d'eau, avec réservoir couvert d'une capacité de 100 mètres cubes et un réseau de conduites de 920 mètres ;

4° Le service d'alimentation de la commune du Chesnay ; alimentation quotidienne, 200 mètres cubes ; canalisation, 2,500 mèt. ;

5° Le service des eaux de sources recueillies sous la forêt de Marly se composant d'un réseau d'aqueducs et conduites de 17,330 mètres, avec six cuvettes de décantation ;

6° Le service de l'aqueduc, dit d'eau de Seine, aboutissant aux filtres de Picardie, à Versailles, d'un développement de 6,335 mètres ;

7° Le service de l'aqueduc d'eau de source, dit de Saint-Cyr, dont le développement est de 1,500 mètres et qui aboutit au bassin réservoir de Choisy, d'une contenance de 10,884 mètres cubes ;

8° Le service de secours contre l'incendie.

La 2ᵉ section comprend :

Le domaine des Etangs et rigoles créé, il y a deux siècles, sur le plateau argileux de 15,000 hectares dominant Versailles vers le sud et l'ouest ; il est situé sur 38 communes et composé de 158 kilomètres de rigoles et aqueducs et de 856 hectares d'étangs et retenues d'une capacité totale de 10,005,200 mètres cubes.

Les ouvrages d'art du service des eaux recueillent les eaux pluviales et celles provenant de la fonte des neiges, soit directement, soit par les fossés et vidanges avec lesquels ils communiquent et qui sillonnent le plateau ci-dessus indiqué. Les digues et chaussées d'étangs et retenues se développent sur une étendue de 15,200 mèt.

Inspection de Saint-Cloud, Marly et Meudon.

La deuxième inspection se subdivise en trois sections : la section de Saint-Cloud, la section de Marly et la section de Meudon.

Section de Saint-Cloud. — La section de Saint-Cloud comprend :

1° L'alimentation des dépendances de l'ancien palais des parcs et jardins de Saint-Cloud, des communes de Marnes, Ville-d'Avray, Sèvres, Meudon, Clamart, Saint-Cloud, Vaucresson et Garches ;

2° L'ensemble du système hydraulique de la dérivation des eaux de source de Saint-Cloud, de Villeneuve, de Garches, de Fausses-Reposes et de la vallée de Chalais, la machine et l'atelier de Chalais, les étangs de la Marche, le grand réservoir de Saint-Cloud, les réservoirs-lacs du Trocadéro, etc.

La surface du périmètre canalisé est de 4,617 hectares ; le développement de la canalisation est de 87 kilomètres ; celui des rigoles, aqueducs et pierrées de 55 kilomètres.

Section de Marly. — La section de Marly comprend :

1° Le service de la machine hydraulique de Marly et des puits d'eau de source des nappes souterraines dont la machine actionne les pompes ;

2° Le service des réservoirs des Deux-Portes (325,000 m. c.) établis à Louveciennes et dans lesquels l'eau est élevée par la machine pour concourir à l'alimentation des communes comprises dans le vaste périmètre, ayant pour limites, les territoires de Versailles, Sèvres, Saint-Cloud, Port-Marly et Noisy-le-Roi ;

3° Le service d'alimentation des communes de Louveciennes, Marly-le-Roi, Bailly, Noisy-le-Roi, la Celle-Saint-Cloud, partie de Rueil, Bougival, Port-Marly, etc. ;

4° Le service de dérivation des eaux de sources de Prunay, de la forêt de Marly, etc.

Section de Meudon. — La section de Meudon comprend :

1° L'établissement hydraulique de Chalais ;

2° Le service d'alimentation de l'orphelinat de Fleury, de l'observatoire, de la station de chimie végétale, de l'établissement d'aérostation militaire, de la partie du parc de Meudon réservée au public et celui de la distribution de l'eau pour les concessions des particuliers ;

3° Les étangs de Villebon, Tronchet, Trivax et les Ponceaux-Chalais, avec les réservoirs de Bel-Air, de Chalais, etc.

Les renseignements qui précèdent indiquent quelle est l'importance du service des eaux de Versailles, Marly, Meudon et Saint-Cloud ; il faut ajouter que, depuis 1870, ce service a pris une extension considérable qui s'augmente d'année en année. En effet, l'alimentation des réservoirs des Deux-Portes pouvant s'effectuer antérieurement avec l'eau de Seine, la machine de Marly ne marchait que 250 jours environ par an, tandis qu'aujourd'hui, comme elle sert surtout à élever les eaux de sources, elle ne chôme que les jours de crue ou de forte gelée, environ 30 jours par an. Les puits dans lesquels sont captées les eaux de sources ont été établis en 1882 et 1885, de même que l'établissement de Chalais, la machine de Gobert et celle de Picardie.

En 1870, l'étendue de la canalisation n'était que de 182 kilomètres, elle est aujourd'hui de 250 kilomètres environ. Le service ne fournissait de l'eau qu'à treize communes, il en fournit aujourd'hui à trente-deux. Le nombre des abonnés n'était que de 1,586, il est maintenant de 3,600. Enfin, on doit noter que le service des eaux n'exécute pas seulement des travaux pour la somme inscrite à son budget, il en effectue d'autres très importants au moyen de fonds de concours dont l'usage a été réglementé par la loi du 1er juin 1887. Les fonds de concours versés à cet effet pendant l'année 1892 se sont élevés à 93,000 francs. Mais si ces fonds de concours ont pour effet d'étendre le réseau des canalisations, l'entretien de ce réseau nécessite forcément des sommes de plus en plus considérables.

Or, les fonds alloués pour le service des eaux, au lieu de s'accroître, comme cela eût été naturel, ont été diminués :

En 1869, le crédit alloué était de....	449.000
En 1871, il fut réduit à.............	350.000
En 1885, à......................	330.000
En 1889, à......................	325.000
En 1892, à......................	300.000

Ces réductions expliquent le mauvais état, faute d'entretien suffisant, des parties essentielles du service, l'arrêt survenu dans les grosses réparations des ouvrages d'art, l'ajournement forcé de tout progrès et les plaintes incessantes du public. Aussi, la commission instituée au mois d'août 1892 pour étudier les améliorations à apporter à ce service, émue des constatations faites par elle-même, a-t-elle émis l'avis qu'il y avait lieu de demander le relèvement du crédit au chiffre de 350,000 francs. Ce relèvement avait été obtenu au budget de 1895.

Enfin, il faut remarquer que l'État a un intérêt direct à assurer un entretien complet d'un service qui lui procure un rendement important qui s'améliore d'année en année. En 1890, il a rapporté net à l'État, toutes dépenses payées, y compris pour 150,000 francs la valeur de l'eau livrée aux services publics, environ 250,000 francs. Depuis lors, ce chiffre a été sans cesse en augmentant ; il atteint, en 1894, plus de 517,000 francs. Le montant des recettes de 1895 n'est pas encore connu.

Un service aussi chargé et aussi complexe demande le fonctionnement d'un personnel relativement important ; celui qui existe est aussi restreint qu'il est possible ; il ne comporte pas moins une dépense de 106,500 francs dont le compte détaillé suit. Cette dépense est à prélever sur un crédit réduit à 340,000 francs après qu'il avait été accordé 350,000 francs pour 1896 ; soit une réduction de 10,000 francs portant sur l'ensemble, que votre commission propose de ratifier.

Une nouvelle commission a été nommée dernièrement près la direction des beaux-arts pour étudier la question du service des eaux de Versailles et de Marly ; elle sera sans doute appelée à examiner s'il ne serait pas avantageux de remettre le service des eaux du domaine de Versailles entre les mains de l'architecte de ce domaine. Quant au reste, on pourrait traiter avec une compagnie fermière qui prendrait en charge l'outillage de l'Etat et qui ferait le service d'alimentation des communes concessionnaires sous la haute surveillance de l'ingénieur en chef des ponts et chaussées. Cette dernière combinaison ne paraît pas, toutefois, devoir plaire à la ville de Versailles.

En portant les documents qui précèdent à la connaissance des habitants de Versailles et des nombreuses communes intéressées au service des eaux, l'Administration municipale a voulu que chacun puisse apprécier la situation et se rendre compte des devoirs qui incombent à l'Etat, et des obligations qu'il s'est créées, obligations qui, d'ailleurs, ne lui sont nullement onéreuses.

Janvier 1897.

Pour l'Administration municipale,

Le Maire,

EDOUARD LEFEBVRE.

Versailles. — Imprimerie AUBERT, 6, avenue de Sceaux.

www.ingramcontent.com/pod-product-compliance
Lightning Source LLC
Chambersburg PA
CBHW070745280326
41934CB00011B/2806